Quiz de Marketing

Tome 1 – Exercices et QCM Corrigés

Claude LAVEINE

Certaines informations de ce livre sont purement anecdotiques et imaginaires. Toute ressemblance avec une personne physique ou morale existante ou ayant existé est purement fortuite.

Copyright©2020 Claude LAVEINE
Tous droits réservés.
ISBN-13 : 9798551567943

Du Même Auteur

La Vie Epatante de l'Agent Secret Duchemin – Tome 1
Il Faut Sauver l'Agent Secret Duchemin – Tome 2
Agent Secret Duchemin – Mission Lune – Tome 3
Au Temps en Emporte l'Agent Duchemin – Tome 4
Le Fabuleux Destin de l'Agent Duchemin – Tome 5
Agent Secret Duchemin – En Avant Mars – Tome 6
Agent Secret Duchemin – A Mars Forcée – Tome 7
Agent Secret Duchemin - Un Héros Français -Tome 8
Agent Secret Duchemin-Opération Rédemption-Tome 9

Agent Secret Duchemin - Trilogie N°1 - Tomes 1-2-3
Agent Secret Duchemin - Trilogie N°2 - Tomes 4-5-6
Agent Secret Duchemin - Trilogie N°3 - Tomes 7-8-9

L'Effarante Aventure de Brian Tabernak – Tome 1
L'Incroyable Attaque de l'Agent Tabernak – Tome 2
La Terrible Traque de l'Equipe Tabernak – Tome 3
L'Equipe Tabernak Contre-Attaque – Tome 4
L'Apokalypse selon Tabernak – Tome 5
L'Epopée Tabernak - Tomes 1-2-3-4

Des Agents pas très Secrets – Opération Esturgeon
Des Agents pas très Secrets – Mission Caméléon
Des Agents pas très Secrets - Maudite Météorite
Des Agents pas très Secrets - Trilogie N°1 - Tomes 1-2-3

Constantin Dumoulin – Panique sous les Tropiques
Constantin Dumoulin – Branle-Bas de Combat aux USA
Constantin Dumoulin – Secret Fatal au Lac Baïkal
Constantin Dumoulin - Trilogie N°1 - Tomes 1-2-3

Robin Dubois – Sans Froid ni Loi – Tome 1
Robin Dubois – Espion malgré moi – Tome 2

Robin Dubois – 20 jours – Tome 3
Robin Dubois – Crash Fantôme – Tome 4
Robin Dubois – Une Croisière d'Enfer – Tome 5
La Saga Robin Dubois - Tomes 1-2
Dur comme Dubois
Dubois sonne le Glas

The Exciting Life of Secret Agent Duchemin – Volume 1
The Amazing Adventure of Brian Tabernak – Volume 1
The Incredible Attack of Agent Tabernak – Volume 2
The Tabernak Trilogy - Volumes 1-2-3

Quiz de Marketing – Tome 2
Quiz de Marketing International
Quiz de Management Commercial
Super Quiz de Marketing
Best of Quiz Marketing

Comment s'autopublier en une journée ?

Marketing Quiz
Marketing Calculations

Table des matières

Du Même Auteur 5

A/ Consignes d'Utilisation 11

B/ Culture Marketing 12

C/ Mémos Marketing 27

D/ Exercices de Marketing 35

E/ Merchandising 39

F/ Seuil de Rentabilité 43

G/ Culture Publicitaire 47

H/ Rappels de Cours 55

I/ Mots Croisés 61

J/ QCM de Cours 77

K/ Etudes de Cas 83

L/ Sales Simulations 87

M/ Cas en Management 91

Du Même Auteur 94

A/ Consignes d'Utilisation

Ce livre permet de préparer ses révisions aux examens et d'améliorer sa culture commerciale. Afin d'optimiser la lecture, nous vous recommandons de vous munir d'un bloc notes et d'une calculatrice.

Les réponses aux questions de culture marketing et aux exercices sont proposées régulièrement. Les solutions sont numérotées et souvent corrigées sur la même page.

Si vous recherchez davantage d'exercices de Marketing, nous vous recommandons "Marketing Calculations" du même auteur sur la boutique Kindle.

Afin de compléter vos connaissances, nous vous proposons également "Quiz de Marketing – Tome 2" et "Quiz de Marketing International".

Certaines informations sont purement anecdotiques et imaginaires. Toute ressemblance avec une personne physique ou morale existante ou ayant existé est purement fortuite.

B/ Culture Marketing

Vrai ou Faux

1) D'ici à 2035, la population mondiale augmentera de 15% à 8,5 milliards d'habitants et consommera 30% de nourriture, 45% d'eau et 55% d'énergie de plus qu'aujourd'hui :
2) Le premier partenaire de la France est l'Amérique du Nord :
3) La Chine est le deuxième fournisseur de la France, la France est le 20ème fournisseur de la Chine :
4) Le nombre de stagiaires en France a été divisé par deux en 5 ans :
5) A Singapour, 1 foyer sur 6 est millionnaire en dollars américains :
6) 26% des hommes russes n'atteignent pas l'âge de 55 ans :
7) 1% des américains ont profité de 90% des hausses de revenus depuis 5 ans :

1) Vrai, 2) Faux, Allemagne, 3) Vrai, 4) Faux, a été doublé, 5) Vrai, 6) Vrai, 7) Vrai.

8) Sachant que les coûts publicitaires sont intégrés dans le prix de vente, en moyenne une famille paye chaque mois de façon invisible : 133 € pour la publicité - 153 € - 143 €
9) Le prix de vente d'une voiture vendue en France inclut en moyenne :
1.200 € de frais publicitaires – 1.400 € - 1.700 €

10) Que signifie Internet ?
11) Quelle est la destination favorite des français qui partent à l'étranger ?
12) Quelle est la boisson la plus consommée en France après l'eau potable ?

8) 153 €, 9) 1200 €, 10) International Network, 11) l'Espagne, 12) l'Eau minérale.

13) 90% des produits nouveaux disparaissent six mois après leur lancement :
14) Les dépenses marketing pour un nouveau produit grand public atteignent en moyenne 8 à 10 millions d'euros :
15) Afin de rassurer leurs passagers, certaines compagnies aériennes parfument leurs avions avec des odeurs de miel et de lait maternel :
16) Certains constructeurs automobiles étudient le bruit des portières afin de donner une sensation de robustesse :
17) Au Québec, les sodas au cola sont surnommés "jus de caribou dans de l'eau furieuse" :
18) Certaines publicités pour des sodas ont été réalisées dans la navette spatiale américaine :
19) Pour attirer la clientèle, un restaurant New Yorkais n'emploie que des serveurs jumeaux :
20) Chaque seconde sont consommées 100.000 bouteilles de sodas au cola sur la planète :

13) Vrai, 14) Vrai, 15) Vrai, 16) Vrai, 17) Vrai, 18) Vrai, 19) Vrai, 20) Vrai.

◆◆◆

21) Dans les couples français, quel est le pourcentage de femmes s'occupant des courses, de la lessive et du repassage ?

22) Quel est le coût moyen de location au m2 sur les Champs Elysées d'une surface de vente placée à droite en remontant vers l'Arc de Triomphe ?

23) Quelle est la langue la plus parlée dans le monde ?

24) Quel est le nombre de pays où l'anglais est la langue officielle : 70 - 47 - 28

25) Quel est le nombre de pays où le français est la langue officielle :

21) Courses (90%), lessive (95%), repassage (97%), 22) 9000 €/an, 23) Le Mandarin, 24) 47, 25) 30.

Le Saviez-vous ?

1) Comment se nomment les pertes d'un point de vente dues aux vols, aux produits perdus et abimés ?

2) En moyenne, quel est le pourcentage de la démarque inconnue par rapport au chiffre d'affaires ?

3) Quel est le poids moyen d'un chariot de courses au moment où il arrive en caisse : 19 kg - 28 kg - 30 kg ?

4) Quel est le montant du panier moyen d'un client d'hypermarché : 53 € - 72 € - 90 € ?

5) Quel est le nombre moyen de visites d'un français dans un hypermarché en un an : 47 - 51 - 38 ?

6) Quel est le temps moyen passé par un client dans une grande surface : 35 mn - 40 mn - 1h30 ?

7) Parmi les cinq sens, quel est le sens le plus fin et qui a le plus de mémoire ?

8) Quel est le coût moyen mensuel pour parfumer 100 m2 de surface de vente ?

1) La démarque inconnue, 2) Environ 5%, 3) 30 kg, 4) 72 €, 5) 38, 6) 40 mn, 7) l'Odorat, 8) 70 €.

Vrai ou Faux

1) Les premiers tests de parfum artificiel dans un point de vente ont eu lieu dans des grands magasins américains en 1922 :

2) La rose sauvage et le jasmin sont les fleurs les plus utilisées pour parfumer des points de vente :

3) Parfumer un point de vente permet de gérer une ambiance, de contenir les tensions et de donner envie de rester plus longtemps :

4) Des odeurs apaisantes peuvent multiplier un chiffre d'affaires par trois :

5) Parfumer des fruits et légumes est autorisé :

1) Vrai, 2) Vrai, 3) Vrai, 4) Vrai, 5) Faux, publicité mensongère.

1) 70% du choix des produits dans un point de vente se fait dans les rayons :

2) Certains panneaux d'affichage diffusent également des odeurs attirantes :

3) Avec le géomarketing, il est possible de connaître le potentiel de consommation, quartier par quartier dans une grande ville, pour plus de 900 produits :

4) Le géomarketing permet de calculer le montant du droit d'entrée d'une franchise :

5) Certains magasins ont créé leur propre chaîne de radio :

6) Un hypermarché propose environ 20.000 références dans un point de vente physique :

7) Un supermarché réalise en moyenne 7000 € par m2 :

8) Les hypermarchés chinois vendent les poissons vivants :

1) Vrai, 2) Vrai, 3) Vrai, 4) Vrai, 5) Vrai, 6) Faux, plus de 50.000, 7) Faux, environ 4000 €, 8) Vrai.

9/ Certains fabricants de sodas pourraient contribuer à la surproduction de déchets plastiques :

10/ Les recettes de sodas pourraient inclure des excès de sucre :

11/ Certains producteurs de sodas ou d'eau minérale auraient fait des pompages excessifs dans les nappes phréatiques :

12/ Certaines bouteilles d'eau minérale sont parfois vendues plus de 1000 fois le prix de l'eau courante :

13/ Des sodas auraient contenu des extraits de cocaïne au début du vingtième siècle :

14/ Tous les sodas ont été à l'origine des médicaments vendus en pharmacie :

15/ Les sodas sont souvent composés d'un sirop concentré et de 80 % d'eau :

16/ Ce sirop concentré est transporté par barriques vers des usines d'embouteillage parfois franchisées avant d'être mélangé à de l'eau et du gaz :

9/ Vrai, 10/ Vrai, 11/ Vrai, 12/ Vrai, 13/ Faux, 14/ Faux, 15/ Vrai, 16/ Vrai.

17/ Dans certains pays, l'eau du robinet serait vendue plus chère que les sodas :
18/ Les sodas sans sucre, à base d'édulcorants, représentent parfois le tiers des ventes :
19/ Certains édulcorants pourraient entretenir le goût du sucre au lieu de le calmer :
20/ Plus de 60 % des habitants des pays occidentaux souffriraient d'obésité :

17/ Vrai, 18/ Vrai, 19/ Vrai, 20/ Faux.

21/ Certaines compagnies aériennes low-cost proposent désormais un service de voyage tout compris (avion, transfert, hôtel) :
22/ Le télétravail et la vidéoconférence ont fortement réduit les déplacements en avion :
23/ Certaines compagnies low-cost proposent des espaces de coworking dans les aérogares :
24/ Les compagnies aériennes low-cost représentent jusqu'à 50 % du marché sur les lignes européennes :
25/ Low-cost signifie « prix élevé » :
26/ Les tarifs des billets des compagnies low-cost sont modifiés en fonction de l'offre et de la demande :
27/ Les options ajoutées au prix du billet représentent parfois un tiers du chiffre d'affaires :

28/ Des compagnies à bas coût n'acceptent plus les bagages en soute :
29/ Sur certaines lignes, des tickets de loto et de jeux à gratter sont vendus en cabine :
30/ Des affichettes publicitaires sont parfois ajoutées sur les compartiments à bagages :

21/ Vrai, 22/ Vrai, 23/ Faux, 24/ Vrai, 25/ Faux, 26/ Vrai, 27/ Vrai, 28/ Faux, 29/ Vrai, 30/ Vrai.

Le Saviez-Vous ?

1/ En Suède, comment se nomme le terme qui évoque la honte de prendre l'avion pour des raisons écologiques :
2/ A partir de quelle année, le trafic aérien a retrouvé le niveau de la période avant Covid :
3/ Quelle est la principale clientèle des compagnies low-cost :
4/ Quels sont les carburants ou moyens de propulsion à l'étude pour les avions du futur :
5/ Quelle est l'autonomie moyenne d'un avion électrique deux places :

1/ « Flygskam », Flyg pour voler et Skam pour honte,
2/ 2024, 3/ Les 18-25 ans, 4/ hydrogène, moteur électrique, propulsion hybride (kérosène, électricité), 5/ 200 km.

Vrai ou Faux

1/ Certains fabricants de produits de luxe entretiendraient artificiellement la pénurie des articles les plus prisés :

2/ Dans la maroquinerie de luxe, certains sacs à main peuvent atteindre plusieurs milliers, voire centaines de milliers d'euros pour les plus demandés :

3/ Afin de vendre davantage de sacs haut de gamme, certains fabricants exigeraient de leurs clients un historique d'achat suffisant :

4/ Un client qui n'aurait pas acheté suffisamment d'accessoires de la marque (chaussures, ceintures, cravates, bijoux…) ne pourrait acheter un sac fortement demandé :

5/ Ce marketing de pénurie permettrait de multiplier le prix de vente par dix sur certains modèles :

6/ Des loteries et des tirages au sort seraient parfois organisés pour les articles de maroquinerie les plus demandés :

7/ Le marché de la contrefaçon de luxe n'a jamais été aussi développé :

8/ Certains clients ne pouvant se procurer des articles de grand luxe auraient évoqué une concurrence déloyale :

9/ Le refus de vente peut être considéré comme un acte répréhensible par un organisme de contrôle :

10/ Des clientes se seraient déjà « écharpées » dans des magasins de luxe pour s'arracher des sacs en rupture de stock :

1/ Vrai, 2/ Vrai, 3/ Vrai, 4/ Vrai, 5/ Vrai, 6/ Faux, 7/ Vrai, 8/ Vrai, 9/ Vrai, 10/ Faux.

11/ Certains fabricants nord américains proposent désormais des panneaux solaires transparents :

12 / Les carreaux des fenêtres, les vitres des voitures et les vitrines de magasins produisent ainsi de l'énergie verte :

13/ Certains panneaux solaires fonctionnent uniquement grâce à la luminosité ambiante sans recourir aux rayons du soleil :

14 / Des éoliennes sous-marines sont déjà implantées dans la mer du Nord :

15/ En France, les éoliennes terrestres produisent plus d'électricité que les centrales nucléaires :

16/ Dès 2030, des réacteurs nucléaires de faible encombrement pourraient être installés dans des villes, sur des navires de commerce et même dans des camions :

17/ Certains pays du Moyen-Orient construisent désormais des centrales électriques géantes afin de produire de l'hydrogène vert :

18/ Certains fabricants de voitures électriques asiatiques proposeraient volontairement des véhicules à prix cassés afin de s'imposer sur ce marché à fort potentiel :

19/ Cette stratégie de dumping aurait été mise en place par certaines chaînes de fast-food dans les années 70 afin d'étouffer la concurrence et capter la majeure partie des consommateurs :

20/ Le dumping est une pratique interdite dans le commerce mondial mais parfois pratiquée :

21/ Le plastique devrait disparaître à l'horizon 2035 au profit des nanotubes de carbone :

22/ A base de graphite, ce nouveau matériau offrirait une résistance 100 fois supérieure à celle de l'acier :

23/ Les nanotubes de carbone seraient aussi cinq fois plus légers :
24/ Certains hypermarchés réfléchiraient déjà à des sacs de course en nanotubes de carbone :
25/ Afin de réduire le réchauffement climatique, des géo-ingénieurs imaginent envoyer dans la stratosphère des millions de particules minérales réfléchissantes afin de limiter l'impact des rayons solaires :

11/ Vrai, 12/ Vrai, 13/ Vrai, 14/ Faux, 15/ Faux, 16/ Vrai, 17/ Vrai, 18/ Vrai, 19/ Vrai, 20/ Vrai, 21/ Vrai, 22/ Vrai, 23/ Vrai, 24/ Faux, 25/ Vrai.
Le Saviez-vous ?

(Pour rappel, la consommation et la vente de produits stupéfiants est interdite sur le territoire français)

1/ Quel serait le montant annuel moyen des dépenses des français en produits stupéfiants :
2/ Quel serait le chiffre d'affaires annuel moyen estimé des trafiquants de drogue en Europe :
3/ Combien de points de deal seraient installés en France :
4/ Quelles seraient les techniques favorites utilisées par certains revendeurs de stupéfiants :
5/ Quel serait le chiffre d'affaires moyen quotidien d'un point de deal dans une métropole française :
6/ Comment certains dealers transformeraient l'argent illégal en revenu officiel :
7/ Quelles seraient les pratiques les plus répandues pour « blanchir » des volumes élevés de cash :

8/ Quels sont les pays européens ayant légalisé, avec certaines restrictions, la vente de certaines catégories de cannabis ou ses dérivés à usage récréatif ou médicinal :

9/ Quel volume de containers peut-il être contrôlé dans les grands ports européens :

10/ Quel volume de véhicules à la frontière USA-Mexique peut-il être contrôlé, afin de lutter contre le trafic de fentanyl :

11/ Quelle serait la puissance estimée du fentanyl sur le corps humain :

12/ Quels seraient les produits stupéfiants les plus addictifs pour les consommateurs :

13/ Combien d'overdoses mortelles seraient enregistrées en moyenne chaque année aux USA :

14/ Quel est le seul antidote en vente libre afin de lutter contre le fentanyl :

1/ 4 milliards d'euros,

2/ 30 milliards,

3/ Environ 3.000,

4/ Marketing, merchandising, marketing direct, click and collect, ventes flash, promotions exceptionnelles, cartes de fidélité, commerce de proximité,

5/ Environ 30.000 euros,

6/ Surfacturation par un commerce de détail (épicerie, services à la personne, restaurant spécialisé),

7/ Achat d'œuvre d'art, cryptomonnaie, rachat de tickets gagnants de courses hippiques, parties de poker, banquiers occultes échangeant créances et dettes, échange de cash contre une facturation artificielle,

8/ Allemagne, Pays-Bas, Luxembourg, Danemark, Royaume-Uni, Malte,
9/ Entre 5 et 10 %,
10/ Idem,
11/ 50 fois plus que les effets de l'héroïne,
12/ fentanyl, MDMA, héroïne, cocaïne (classement non exhaustif et non ordonné),
13/ Environ 75.000,
14/ La naloxone.

Vrai ou Faux

1/ Autour de 720.000 naissances en 2022, la France n'a jamais connu un chiffre aussi faible depuis 1945 :
2/ Environ 40 % des adultes sont obèses ou en surpoids aux USA :
3/ Avec 2 millions d'employés, Walmart est la plus grande entreprise privée en nombre de salariés :
4/ New York compte 160 immeubles de plus de 150 mètres de haut :
5/ En France, les ventes de produits Bio ont augmenté de 12 % en un an :
6/ Les femmes représentent 17 % des étudiants en MBA :
7/ En France, 75 % des employés sont des hommes :

8/ Amsterdam-Schiphol est le premier aéroport de l'Union Européenne :

9/ La Chine est désormais le premier partenaire commercial de la Russie :

10/ Certains PDG de groupes bancaires américains sont rémunérés plus de 30 millions de dollars par an :

11/ Certains PDG de grandes entreprises françaises gagnent plus de 600 fois le salaire de base de leurs employés :

12/ Afin d'éliminer des filiales en déficit, certaines entreprises ont recours à la franchise :

13/ Certaines lois fiscales sur la succession permettraient de transmettre un patrimoine professionnel par anticipation avec un prélèvement autour de 5 % :

14/ Avec le système du « contrat de transport », un yacht loué peut être exonéré de TVA :

15/ Le locataire d'un yacht en France peut acheter le carburant du bateau nettement moins cher s'il fait une escale dans un pays limitrophe :

16/ En France, 6 millions de logements sont vacants, soit 15 % du parc immobilier :

17/ Entre 2012 et 2022, 30 % des journaux ont disparu aux USA :

18/ Plus de 10 % des français sont membres d'un syndicat :

19/ 25 % des français sont membres d'un parti politique :

20/ Le véhicule le plus vendu aux USA depuis 45 ans est un pick-up à essence :

21/ Un pick-up pourrait polluer 4 fois plus qu'une voiture citadine européenne :

22/ Le prix du litre d'essence aux USA est d'environ 0,8 euros :

1/ Vrai, 2/ Vrai, 3/ Vrai, 4/ Faux – 316, 5/ Faux – moins 13 %, 6/ Faux – 43 %, 7/ Faux – 75 % de femmes, 8/ Faux – Roissy.CDG : 56 millions de passagers, 9/ Vrai, 10/ Vrai, 11/ Vrai, 12/ Vrai, 13/ Vrai, 14/ Vrai,
15/ Vrai, 16/ Faux – 3 millions/8 % du parc, 17/ Vrai, 18/ Faux – 3,5 %, 19/ Faux : 2,5 %, 20/ Vrai, 21/ Vrai, 22/ Vrai.

. Que signifient les abréviations suivantes :
. RFID, EDI, GMS, HD, MDD, PGC, RFA, TG, DLV :

. *Radio fréquence identification, échange de données informatiques, grandes et moyennes surfaces, hard discount, marque de distribution, produit de grande consommation, remise de fin d'année, tête de gondole, date limite de vente.*

. A quelle date date ont été créés ces centres commerciaux :

. Parly 2, Les Ulis 2, Evry 2, La Part Dieu, Val d'Europe, Carré Sénart.

. *Parly 2 (1969), Les Ulis 2 (1973), Evry 2 (1975), La Part Dieu (1981), Val d'Europe (2002), Carré Sénart (2003).*

C/ Mémos Marketing

1) Quelles sont les 5 étapes classiques du cycle de vie d'un produit ou service ?
2) Quelles sont les caractéristiques de la phase de maturité ?
3) Quelles sont les caractéristiques de la phase de lancement ?
4) Quels sont les éléments du plan de marchéage ou Mix marketing qui peuvent être modifiés pour relancer un produit ?
5) Comment nommer les six courbes de vie particulières ?
6) Quelles sont les fonctions de la marque ?
7) Quelles sont les caractéristiques essentielles d'une marque à succès ?
8) Une marque ne peut :
9) Quels sont les différents types de marque ?

1) Recherche, lancement, croissance, maturité, déclin,
2) Point mort dépassé, pleine rentabilité, demande stable, trésorerie reconstituée, fidélisation de la clientèle,
3) Coûts élevés, rentabilité aléatoire, constitution des stocks,
4) Packaging, prix, contenu, animations,
5) Produits impérialistes (sodas), produits de mode, marché résiduel (planche à roulettes), produit dilemme, succès immédiat, produit feu de paille (marché musical),
6) véhiculer une image, un style - garantir la qualité du produit, sécuriser le consommateur, se distinguer de la concurrence,
7) mémorisable, lisible, évocatrice, traduisible, déclinable, euphonique (son harmonieux),
8) porter atteinte à autrui, être générique (Le Beurre), induire en erreur,

9) produit, ombrelle, signature, distribution, notoire.

10) Auprès de quels organismes peut-on protéger une marque ?
11) Une entreprise peut-elle utiliser une marque déjà déposée ?
12) Quelles sont les conséquences de la contrefaçon pour une marque ?
13) Comment définir l'image d'une marque ?
14) Quelles sont les fonctions du packaging ?
15) Comment améliorer la qualité fonctionnelle d'un produit ?
16) Comment améliorer la qualité esthétique d'un produit ?
17) Quelles sont les 3 principales normes pour la France, l'Europe et le Monde ?
18) Citer 4 labels de qualité ?
19) Quels sont les 3 types de produit nouveau ?

10) Institut National de la Propriété Industrielle (INPI, Paris), Office d'Harmonisation du Marché Intérieur (U.E - OHMI, Alicante), Organisation Mondiale de la Propriété Industrielle (Monde - OMPI, Genève),
11) oui, si le secteur d'activité est différent, en cas de négociation, en cas d'achat ou location (franchise),
12) perte de chiffre d'affaires, menace pour l'image de marque, coûts juridiques, désorganisation du réseau de vente,
13) représentation affective et rationnelle associée à un nom,
14) Protection contre les agressions extérieures, transport, manutention, implantation en rayon, communication dans le point de vente,

15) sécurité, modernité, facilité d'utilisation, efficacité,
16) design et stylique,
17) NF (Normes françaises, Afnor), CE (Communauté Européenne), ISO (International Standard Organisation, ONU),
18) rouge, AOC (Appellation d'origine contrôlée), AB (agriculture biologique), Atout qualité, 19) discontinuité (Son Numérique), semi-continuité (DVD), continuité (Ecran plat).

21) Quels sont les 5 types de marché ?
22) Quels sont les 5 principaux intervenants sur un marché ?
23) Quels sont les 4 principaux environnements du marché de l'entreprise ?
24) Que signifie "effet de sablier" ?
25) Quels sont les 5 besoins évoqués par Maslow dans une pyramide ?
26) Quels sont les 3 types de motivation ?
27) Quels sont les 2 éléments qui constituent les freins d'achat ?
28) Quels sont les 3 types d'attitudes ?
29) Quels sont les 5 socio styles ?

21) atomisé (multitude d'offreurs), ouvert (sites internet), fermé (marché automobile), actuel, potentiel,
22) consommateurs, producteurs, prescripteurs (n'achètent pas mais recommandent d'acheter), conseillers, distributeurs,
23) technologique, juridique, socio-économique, culturel,
24) élargissement des segments haut de gamme et bas de gamme, sur segmentation de l'offre,

25) *physiologiques, sécurité, sociaux, estime, épanouissement,*
26) *hédoniste (auto satisfaction), oblative (générosité), auto expression (besoin de reconnaissance),*
27) *peurs et inhibitions,*
28) *cognitives (connaissance du produit), affectives (sympathie envers la marque), conatives (déclenchement de l'achat),*
29) *matérialistes, activistes, décalés, rigoristes, égocentrés.*

30) Quels sont le 4 P du Mix marketing :
31) Quels sont les 5 éléments du plan de marchéage :
32) Quelle est la traduction des termes suivants :
Mix, Merchandising, Packaging, Marketing, Design, Market test, Benchmarking, Cash, Phoning, Mailing, Show room :
33) Que signifient :
Marketing opérationnel, Marketing social, Marketing politique, Marketing sensoriel :
34) Quelle est la vocation du consumérisme :
35) Que signifient : UFC, INC, DGCCRF, CNC :
36) Quelles sont les formes d'action des associations de consommateurs :

30) Product (produit), price (prix), place (distribution), promotion (publicité, force de vente), 31) Produit, prix, distribution, force de vente, communication,
32) Plan de marchéage, marchandisage, emballage-conditionnement, mercatique, stylique, marché test, veille concurrentielle, comptant, télévente, publipostage, magasin d'exposition,

33) *Application des 4P pour lancer un nouveau produit, techniques commerciales appliquées au développement des associations caritatives, promotion commerciale des partis politiques, utilisation des cinq sens pour attirer l'attention des consommateurs,*
34) *défendre, protéger et alerter les consommateurs,*
35) *Union fédérale des consommateurs, Institut national de la consommation, Direction générale de la consommation, concurrence et répression des fraudes, Conseil national de la concurrence,*
36) *Influencer le comportement d'achat, faire pression sur les pouvoirs publics, boycott, actions en justice.*

37) Citer 4 méthodes probabilistes pour déterminer un échantillon de consommateurs :
38) Que signifient : Méthode des quotas, Méthode des itinéraires :
39) Citer 5 types de questions utilisées dans un questionnaire d'étude de marché :
40) Citer 2 méthodes pour trier les résultats d'une enquête :
41) Que signifie "panel de consommateurs" :
42) Quels sont 4 avantages de la segmentation :
43) Citer 4 critères pertinents, mesurables et opératoires pour segmenter un marché :
44) Comment calculer une Part de Marché en volume et en valeur :

37) *tirage au sort successif, en grappes, systématique, tables de nombres au hasard,*
38) *modèle réduit de la population de base, choix d'un itinéraire pour administrer un questionnaire,*

39) *fermée, ouverte, qcm, avec classement, filtre,*
40) *à plat, tri croisé,*
41) *échantillon représentatif permanent d'une population,*
42) *adapter le Mix marketing, cibler et rentabiliser la communication publicitaire, fidéliser la clientèle, optimiser le géomarketing,*
43) *démographique, géographique, socio-économique, psychologique,*
44) *Quantités vendues de l'entreprise/Quantités vendues du marché, Chiffre d'affaires de l'entreprise/Chiffre d'affaires du marché.*

45) 8 contraintes pour déterminer un prix de vente :
46) Signification de : prix rond, prix magique, prix minimal, prix maximal, prix conseillé :
47) 8 raisons de modifier un prix de vente :
48) 5 contraintes légales en terme de prix :
49) Critères d'allocation d'espace en grande distribution :
50) 3 raisons de référencer un produit dans un point de vente :
51) Pourquoi vendre des services en grandes surfaces :
52) 3 dimensions de l'assortiment :

45) *Coûts (fixes, variables, seuil de rentabilité), type de produit, niveau de gamme, taux de marge, demande, concurrence, mode de distribution, stratégie commerciale (alignement, écrémage, pénétration),*
46) *Se termine par un ou plusieurs zéro, juste en dessous du prix rond, lié à la qualité insuffisante (prix psychologique), lié au prix excessif (prix psychologique), recommandé par le fournisseur,*

47) Quantités vendues, niveau de gamme, date de paiement, temps de livraison, rabais, remise, ristourne, date d'achat (yield management, adaptation du prix en temps réel en fonction de l'offre et de la demande),

48) Vente à perte, ententes, prix non marqué, ancien prix non marqué si rabais, publicité trompeuse,

49) Taux de rotation des produits, espace occupé, indices d'attractivité, indices de sensibilité au chiffre d'affaires et au bénéfice brut,

50) Centrale d'achat, taux de marge, nouveauté, négociations avec les fournisseurs,

51) Se diversifier et être moins dépendant de la vente de produits alimentaires, capter la clientèle par des prix d'appel, concurrencer les commerçants indépendants et les sites internet,

52) Profondeur (multiples références pour une même marque), largeur (multiples familles de produits), longueur (nombre total de références).

D/ Exercices de Marketing

A/ 28% des automobilistes qui ont déjà un autoradio en voudraient un plus performant. 5% des automobilistes ne possèdent pas d'autoradio. Parmi eux, 45% projettent d'en acheter un. 35% des automobilistes installent eux-mêmes leur autoradio. 7 millions de véhicules de tourisme sont en circulation.

Quel est le marché potentiel d'automobilistes qui veulent un autoradio installé par un professionnel ?

A/ *Corrigé* :

Automobilistes sans autoradio : 7.000.000 x 5% x 45% = 157.500 automobilistes qui projetteraient d'en acheter un,
Automobilistes avec autoradio : 7.000.000 x 95% x 28 % = 1.862.000 automobilistes qui voudrait changer d'autoradio,
(95% = 100% - 5%) 157.500 + 1.862.000 = 2.019.500 x 65% (100% - 35%) = 1.312.675 automobilistes achèteraient un autoradio et le feraient installer.

B/ L'entreprise Chocod'or doit prévoir son budget publicité pour les deux années à venir. En raison de la concurrence, les C.A N+1 et N+2 devraient baisser de 7%.
En année N, le budget publicité représentait environ 4,06% du C.A.
Afin de limiter les charges, Chocod'or souhaite revenir à des budgets de l'ordre de 2,5%.
C.A en année N : 100 millions d'euros.

Quels seront les montants des budgets de publicité en N et N+1 ?

B) *Corrigé* :

C.A N+1 : 93.000.000 (100.000.000 - 7%)
C.A N+2 : 86.490.000 (93.000.000 - 7%)
Budget publicité année N : 4.060.000 (100.000.000 x 4,06%)
Budget publicité année N + 1 : 2.325.000 (93.000.000 x 2,5%)

C/ Quel est le prix hors taxes des produits suivants :
Le prix h.t se calcule en divisant le prix t.t.c par 100% + le % de TVA.
TVA = 20%, le h.t se calculera en faisant : t.t.c/1,20.
Prix de vente t.t.c (TVA 20%) :
. TV grand écran : 890 €,
. SUV Luxury : 39.000 €,
. Aller Retour Paris Londres sur Fly Away : 99 €,
. Une nuit au Motel GoodNight : 59 €,
. Un smartphone Tiptop : 690 € :

C/ *Corrigé* :

.TV h.t : 741,66 €, SUV h.t : 32.500 €, Fly Away h.t : 82,5 €, Motel h.t : 49,16 €, Smartphone h.t : 575 €. *Les prix sont comptabilisés hors taxes par une entreprise.*
La TVA est collectée sur les ventes et déduite sur les achats. Le solde de TVA est versé chaque trimestre aux services fiscaux.

❖❖❖

D/ Un fabricant de cordes en nylon a produit pendant les 5 dernières années :
N : 2.000.000 de mètres, N+1 : 2.400.000 mètres, N+2 : 2.600.000 mètres, N+3 : 2.700.000 mètres, N+4 : 2.800.000 mètres.
La part des cordes exportées a été en :
N/ 800.000 mètres, N+1 : 840.000, N+2 : 860.000, N+3 : 900.000, N+4 : 920.000.
Quel est le taux d'évolution entre chaque année (T1 - T0/T0 x 100) ?
Quel est le taux d'évolution moyen de N à N+4 ?
Quelles est la part de l'exportation en pourcentage pour chaque année ?

D/ *Corrigé* :

N+1 : 20%, N+2 : 8,3%, N+3 : 3,8%, N+4 : 3,7%,
Sur 4 ans : 8,95%,
N : 40%, N+1 : 35%, N+2 : 33,07%, N+3 : 33,33%, N+4 : 32,85%.

❖❖❖

E/ Merchandising

E/ La société Amanda est leader des amandes grillées en France, distribuées en grandes et moyennes surfaces.
Population française en métropole : 64.000.000 d'habitants,
Répartition de la population française :
Moins de 15 ans : 25% (10% de consommateurs d'amandes), 15/65 ans : 62% (80% de consommateurs d'amandes), Plus de 65 ans : 13% (85% de consommateurs d'amandes). Consommation française d'amandes : 250 000 tonnes, 75% des français sont susceptibles de consommer des amandes.
En année N, Amanda a vendu en France 75.000 tonnes d'amandes.
Calculer le marché théorique, le marché potentiel et le marché réel en France pour les amandes grillées.
Quelle est la part du marché réel d'Amanda ?

E/ *Corrigé* :

Marché théorique : 64.000.000 de consommateurs,
Marché potentiel : 48.000.000 de consommateurs (64.000.000 x 75%),
Marché réel : (64.000.000 x 25% x 10%) + (64.000.000 x 62% x 80%) + (64.000.000 x 13% x 85%) = 40.416.000 consommateurs. (1.600.000 + 31.744.000 + 7.072.000),
Part du marché réel d'Amanda : 75.000 / 250.000 tonnes x 100 : 30%.

F/ A partir des formules de calcul suivantes, calculer la rentabilité des deux marques étudiées en GMS :
. Marge brute = Prix de vente hors taxes - Prix d'achat hors taxes,
. Taux de marque = Marge brute / Prix de vente hors taxes x 100,
. Coefficient multiplicateur = Prix de vente t.t.c / Prix d'achat h.t,
. Bénéfice brut = Marge brute x Quantités vendues,
. Stock moyen = Stock initial + Stock final / 2
. Coefficient de rotation = Quantités vendues / Stock moyen
. Indice d'attractivité du rayon = Indice d'achat / Indice de passage
. Indice de sensibilité par rapport au C.A = %C.A/%L.D,
(L.D = Linéaire développé, linéaire au sol en mètres multiplié par le nombre de niveaux),
. Indice de sensibilité par rapport au Bénéfice Brut = %B.B/%L.D,

. Après le calcul des indices de sensibilité, si les résultats sont supérieurs à 1 : le produit est sous représenté, augmenter son espace dans le linéaire, si les résultats sont inférieurs à 1, le produit est sur représenté, réduire son espace dans le linéaire.
1 ou 100% est la moyenne de la famille de produits.

Vous êtes responsable du rayon Bougies Parfumées de votre point de vente. Vous souhaitez comparer la rentabilité des « Smell+ » et des « Flavor ».
Smell+ : Prix d'achat h.t : 14 €, Prix de vente h.t : 29 €, Quantités vendues : 26.000, L.D : 8 mètres, S.M : 3.200.

Flavor : Prix d'achat h.t : 17 €, Prix de vente h.t : 26 €, Quantités vendues : 23.000, L.D : 6 mètres, S.M : 1.600. Calculer la marge brute, le taux de marque, le bénéfice brut, le coefficient de rotation, la rentabilité du linéaire, l'indice de rentabilité.

F/ *Corrigé* :

Smell + : Marge brute : 29 - 14 = 15 €, Taux de marque : 15/29 x 100 = 51,72%, B.B : 15 x 26.000 = 390.000 €, C.R : 26.000/3 200 = 8,12, le stock est renouvelé plus de 8 fois sur la période étudiée, R.L : B.B/L.D : 390.000/8= 48.750 € au mètre linéaire, I.R : R.L x C.R/1000 : 48.750 x 8,12 / 1000 = 395,8.

Flavor : M.B : 9 €, T.M : 34,61%, B.B : 207 000 €, C.R : 14,37, R.L : 34.500 € au mètre linéaire, I.R : 495,7.

Compte tenu du C.R, de l'I.R et du L.D, il faudrait augmenter l'espace alloué dans le linéaire à Flavor.

F/ Seuil de Rentabilité

A partir des formules suivantes, calculer le seuil de rentabilité :
. Seuil de rentabilité en volume (Quantités) :   Charges fixes/Marge sur coût variable unitaire
. Marge sur coût variable :   Prix de vente unitaire - Coût variable unitaire
. Seuil de rentabilité en valeur (Euros) : Charges fixes x Chiffre d'affaires / Marge sur coût variable
. Marge sur coût variable :   Chiffre d'affaires - Charges variables
. Résultat financier : Marge sur coût variable - Charges fixes
. Date du seuil de rentabilité : Seuil de rentabilité en valeur x 360 / Chiffre d'Affaires
. Analyse différentielle :   C.A - CV = MCV - CF = Résultat (Perte ou Bénéfice)

. Les charges variables dépendent de l'évolution du chiffre d'affaires (primes des commerciaux, matières premières),
. Les charges fixes ne dépendent pas du chiffre d'affaires et sont comptabilisées même si l'entreprise ne vend aucun produit, (location, énergie, salaires).

PlaySoft souhaite commercialiser un nouveau jeu vidéo à 390 €. Le coût variable unitaire est de 210 €. Les coûts fixes s'élèvent à 700.000 €. Les ventes sont estimées à 80.000 unités.

1) Quel sera le seuil de rentabilité en volume et en valeur ?

2) Si le coût unitaire augmente de 26 %, quel devra être le prix de vente du jeu vidéo ?

3) Quel sera le résultat financier si 80.000 unités sont vendues ?

4) Quel sera le résultat net après impôt (36% de taxation) ?

Corrigé

1) Seuil de rentabilité en volume : 700.000/180 = 3.889 *packs environ. A ce niveau de vente, l'entreprise ne fait ni perte ni bénéfice.*
Seuil de rentabilité en valeur :
3.889 packs x 390 = 1 516 710 €.
Si utilisation de la formule : CA x CF / MCV, 31.200.000 x 700.000 / 14.400.000 = 1.516.666 €. La légère différence de résultat est normale et résulte des arrondis.
2) Sachant qu'une augmentation des coûts provoque une augmentation du prix de vente dans la même proportion :
390 x 1,26 = 491,4 €
3) Sans changement de prix de vente et de coût variable,
C.A : 31.200.000 (390 x 80.000),
C.V : 16.800.000 (210 x 80.000),
MCV : 14.400.000 (180 x 80.000)
MCV = C.A - C.V
CF : 700.000
R : 13.700.000 € (Bénéfice)

4) 13.700.000 x 0,64 (100 - 36) = 8.768.000 €

Si vous recherchez davantage de calculs de marketing, nous vous recommandons "Marketing Calculations".

G/ Culture Publicitaire

Le Saviez-vous ?

1) Classer de un à onze par ordre décroissant d'investissement publicitaire ces différentes techniques de communication :
Publicité évènementielle, annuaires professionnels, marketing direct, télévision, presse, promotion des ventes, relations publiques, affichage, radio, internet, cinéma.

1) Publicité évènementielle(5), annuaires professionnels(8), marketing direct(1), télévision(4), presse(3), promotion des ventes(2), relations publiques(6), affichage(7), radio(9), internet(10), cinéma(11).

2) D'après les initiales suivantes, retrouver les différentes techniques de Marketing Direct :
P, T, M, e.M, V.M, B.M, S.P, N.V, N.A, N.I, SMS, MMS.

2) Publipostage, téléphone, mailing, emailing, vidéo mailing, bus mailing (publipostage groupé), salon professionnel, numéro vert, numéro azur, numéro indigo, short message system, multi media system.

3) Quel est le classement des six grands médias par ordre décroissant d'investissement publicitaire ?

3) Presse, télévision, affichage, radio, internet, cinéma.

4) Quels sont les concurrents qui font baisser l'audience des chaînes de télévision classiques ?

4) Vidéo à la demande, plateforme vidéo en streaming, internet, chaînes de la TNT.

5) Retrouver les supports de communication auxquels correspondent les coûts publicitaires suivants : (Prix moyen par support pour un passage, en radio : spot de 15 secondes, à la télévision : spot de 30 secondes)
15.000 € une page quadri, 22.000 € une page quadri, 4.500 € les 15 secondes, 45.000 € les 30 secondes,
105. 000 les 30 secondes, 3.200 € le 4 x3 pendant 7 jours à Paris, 3 millions de dollars les 30 secondes.

5) 15.000 € une page quadri (Presse Magazine), 22.000 € une page quadri (Presse Quotidienne), 4.500 € les 15 secondes(Radio), 45.000 € les 30 secondes (Télévision Française), 105.000 les 30 secondes (Télévision américaine), 3.200 € le 4 x3 pendant 7 jours à Paris(Affichage), 3 millions de dollars les 30 secondes (SuperBowl aux USA).
Une page quadrichromie est le format des imprimeurs pour une page en couleur avec les quatre couleurs de base : noir, jaune, rouge, bleu.
Une page bicolore sera : noir-blanc ou noir-rouge ou noir-bleu.
Le SuperBowl est la finale de football américain aux U.S.A.

6) Quelles sont les 4 techniques de communication institutionnelle ?
7) Quelles sont les 4 cibles de la communication institutionnelle ?

6) Parrainage, mécénat, sponsoring, patronage,

7) *Milieux financiers, personnel de l'entreprise, clients, pouvoirs publics.*

Vrai ou Faux

1) Un distributeur de meubles a placé dans le métro des affiches constellées d'étiquettes adhésives que chaque passant pouvait décoller :
2) Un site de voyages sur internet a organisé un canular en plaçant des pop-up (publicité surgissante) qui annonçaient la construction d'un tunnel transatlantique entre Paris et le port de New York :

1) Vrai, 2) Vrai.

3) Une marque de déodorant a organisé des combats de karaté afin de promouvoir ses produits dans des hypermarchés :
4) Un constructeur automobile a distribué plus de 25.000 fausses contraventions offrant des gadgets de la marque :
5) Une boisson parfumée au poivre a utilisé des affiches interactives. Chaque fois qu'un passant approchait du panneau d'affichage, l'affiche éternuait :
6) 85% des français écoutent la radio au moins une fois par jour :
7) Le taux de retour d'un email très ciblé peut atteindre 20% :
8) L'expression Spam provient d'une marque de jambon anglais :

9) Lors des publicités à la télévision ou à la radio, le volume sonore augmente de 20% :
10) Le tarif publicitaire le plus cher est le créneau 19h50/20h juste avant le journal télévisé :

3) Vrai, 4) Vrai, 5) Vrai, 6) Vrai, 7) Faux, 1%, 8) Vrai, 9) Vrai, 10) Vrai.

Le Saviez-vous ?

11) Que représentent les investissements publicitaires au cinéma en pourcentage ?
12) Quel est le nombre de tickets de cinémas vendus en un an ?
13) Quelles sont ces émissions de télévision les plus anciennes :
.57 ans, les 5 minutes les plus regardées chaque jour par les français, .55 ans, la grande boucle la plus suivie chaque été, .54 ans, l'information à la télévision, .47 ans, chaque dimanche.

11) 1%,
12) 200 millions/an,
13) Météo, tour de France, journal de 20h, émission sportive.

14) Les 3 principaux annonceurs publicitaires au cinéma ?

14) Grande distribution, Constructeurs automobiles, Confiseries.

1) Les frères Lumière créent le cinéma en : 1890, 1892, 1895,
2) Le premier film sonore "The Jazz Singer" date de : 1927, 1929, 1932,
3) La première superproduction "Autant en emporte le vent" est présentée en : 1936, 1938, 1939,
4) Le premier film en son Dolby "Orange Mécanique" est réalisé en : 1970, 1972, 1971,
5) Le premier dessin animé 100% ordinateur a été :
6) Le magnétoscope VHS s'impose en : 1975, 1978, 1977,
7) Les lecteurs DVD prennent la moitié du marché de la vidéo dès : 2000, 2001, 2002,
8) Le premier film tout numérique "Vidocq" date de : 1999, 2000, 2001,
9) Que signifie DVD ?
10) Un film à succès est un blockbuster, quelle est l'origine de cette expression ?
11) Que signifie Wi-Fi ?

1) 1895, 2) 1927, 3) 1939, 4) 1971, 5) Toy Story, 6) 1977, 7) 2001, 8) 2001, 9) Digital versatile disc, 10) Puissante bombe capable de faire exploser un pâté de maison, 11) Wireless Fidelity (Réseau sans fil).

12) Quel est le nom de la méthode publicitaire qui consistait à intercaler des images ultrarapides de marques dans un spot télévisé que le spectateur enregistrait inconsciemment ? 13) Que signifient PQR, PQN ?

14) Quel est le pays européen qui compte le plus de lecteurs de quotidiens ?
15) Quel est le quotidien le plus lu dans le monde ?

12) Images subliminales,
13) Presse quotidienne régionale, presse quotidienne nationale,
14) Le Royaume-Uni, 15) L'Asahi Shimbun (Japon).

Vrai ou Faux

1) Time Magazine est la revue d'information la plus ancienne en Occident :
2) La grande distribution n'a pas le droit de faire de la publicité à la télévision :
3) Les bandes dessinées sont les livres les plus vendus en G.M.S :
4) Les cadres actifs de 25/35 ans sont les premiers spectateurs au cinéma :

1) Vrai, 2) Faux, 3) Faux, guides touristiques, 4) Faux, séniors.

H/ Rappels de Cours

Le marketing est l'art de vendre au consommateur ce qu'il souhaite acheter. De nombreuses entreprises dépensent donc des fortunes en étude de marché, recherche et développement, communication et force de vente afin d'imposer leurs nouveautés. Le taux d'échec des nouveaux produits étant élevé, certains services marketing tentent de revenir à des méthodes moins onéreuses et plus respectueuses du développement durable.

Les manuels de marketing enseignent souvent qu'il faut flatter le client, son ego et manipuler son besoin inné de reconnaissance. L'achat statutaire ou le snob effect sont des classiques du Marketing. J'achète, donc je suis. Tous les produits de luxe utilisent cette méthode. Les marges sont confortables et le client est satisfait.

La pyramide de Maslow, les socio styles, les études de marché ont pour but de comprendre les raisons d'achat des consommateurs toujours plus volatiles et infidèles. Le manque de temps, les plateformes électroniques, le choix infini proposé par internet rendent le client toujours plus exigeant et inconstant. Jamais les clients n'ont eu autant de choix. Le marketing semble donc indispensable. Mais confondre commerce et profit à court terme ne permet pas de pérenniser une entreprise et sa gamme de produits/services. Nombre d'entreprises ont mis des années à rentabiliser de nouveaux produits afin d'acquérir une clientèle satisfaite et fidèle. Le Marketing souvent décrié n'est pas une solution magique pour vendre. Il s'agit d'actions coordonnées, organisées et dosées suivant le temps et le type de client.

Dans un marché libre avec une forte concurrence, le Marketing permet souvent aux entreprises de survivre et de se développer. L'abus de Marketing peut aussi étouffer un marché.

La difficulté d'un service marketing est donc de trouver un subtil équilibre entre besoin de vendre, de résister aux concurrents, de lancer des nouveautés et de communiquer avec authenticité. Etudier le marché peut inclure des dépenses somptuaires. La participation de panélistes, d'enquêteurs, de psychologues permet de mieux cerner les attentes des consommateurs. Les techniques basées sur le hasard ou la reproduction dans un échantillon de la population mère ont fait leurs preuves.

Mais cet acharnement à toujours tout étudier peut aussi mener à des changements de comportement soudains et imprévus. L'exemple actuel est le divertissement par streaming. Les grandes chaînes de télévision ont largement usé et abusé de la publicité et ont formaté nombre de programmes en fonction des attentes des spectateurs. Le résultat est que de nombreux foyers refusent désormais la télévision classique ou la regardent beaucoup moins. Le streaming a éliminé la publicité. La vidéo à la demande a éliminé le choix imposé et limité des programmes. La liberté de choix l'a emporté. Le spectateur ne peut plus être considéré comme un acteur passif qui ingurgite des publicités sans réfléchir. Ce temps est révolu.

Internet et ses multiples sites ou plateformes redonnent également le pouvoir aux clients. Un seul clic et il change de fournisseur. Cette multiplicité de l'offre change l'attitude des clients. Abuser à nouveau de la publicité sur internet est un réflexe classique qui aboutira aux mêmes effets. Certaines entreprises refusent même désormais de faire de la publicité. Leur principe est de baser toute leur stratégie sur la qualité du service rendu, l'accueil dans le point de vente et le bouche à oreille positif. Même s'il peut s'agir d'une évidence, la qualité de l'accueil du client dans le point de vente est déterminante, et parfois oubliée.

Certains dirigeants d'entreprises de services estiment d'ailleurs qu'il vaut mieux d'abord former, motiver et encadrer correctement ses équipes plutôt que de dépenser des sommes astronomiques en publicité. De grands groupes de services ont parfois découvert tardivement que dépenser des millions d'euros en publicité avait des effets limités si le personnel ne se sentait pas concerné et reconnu. Investir sur le capital humain est souvent beaucoup plus efficace. Toutes les techniques de Management inspirées d'Organisational Behavior visent à développer l'épanouissement des employés. Si mon salarié est satisfait de son activité, le client s'en rendra compte et mes ventes augmenteront. Raisonnement basique mais souvent très efficace.

Commencer par croire en ses employés, leur faire confiance, leur donner les moyens d'apprendre et de comprendre permet de limiter les budgets Marketing toujours plus extensibles. Le Management et le

Marketing sont liés. Vendre sans maîtriser les méthodes commerciales est long et difficile. Mais vendre avec un personnel convaincu et concerné est encore mieux. Vendre un produit sans vendeur et sans communication est souvent compliqué et périlleux, mais de multiples entreprises ont fait le choix de la qualité et ont réussi à convaincre sur le long terme. Le plus difficile n'est pas de vendre une fois mais de renouveler la vente. Faire revenir le client est une démarche complexe. La qualité du personnel commercial est vitale. Les métiers de la vente sont parfois négligés mais comment faire du Marketing sans n'avoir jamais rien vendu.

Le Marketing reste l'art de vendre. Tous les artifices qui entourent le commerce et ses multiples stratégies sont souvent un décor attirant mais rien ne remplace un bon commercial. Le nerf de la guerre est le chiffre d'affaires et surtout la marge opérationnelle. Vendre en bradant ses produits est une solution sans lendemain. Recruter des commerciaux efficaces a toujours été délicat mais les changements actuels et les nouvelles technologies montrent l'urgence de faire confiance à ses vendeurs.

Apprendre à s'exprimer correctement, à argumenter, à faire preuve d'une grande ténacité, à innover sont des atouts pour toutes les professions dans une entreprise. La vente mène au Marketing. Le Marketing mène au client.

Comme toutes les sciences, le Marketing est indispensable mais n'est pas une potion magique.

Apprendre à en maîtriser les techniques est très utile pour développer son activité commerciale mais en abuser mène parfois au déclin rapide. Le Marketing permet avant tout de vendre. Rien n'empêche de respecter ses employés, de respecter ses clients et de faire du commerce avec des produits de qualité et un service efficace. Ce livre a pour but de vous aider à mémoriser toutes ces techniques de vente. Longue vie à la vente.

I/ Mots Croisés

Communication publicitaire

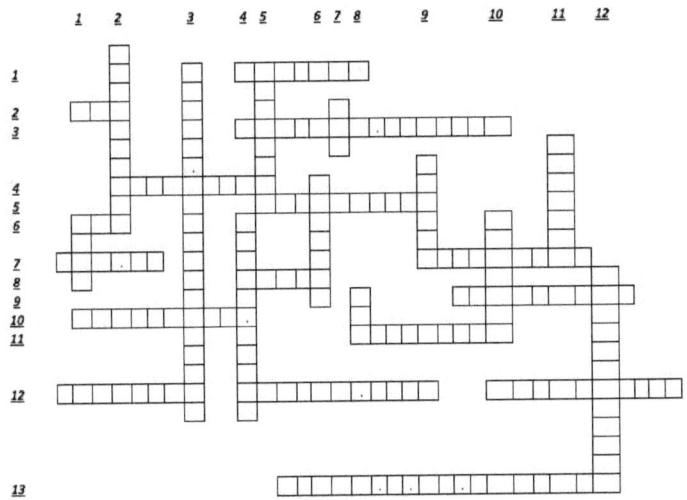

Horizontalement :
1. Ancêtre d'internet, 2. Multi Media System, 3. Réseaux amicaux, 4. Moins fixe que portable, 5. Divertissement préféré des français, 6. Short Message System, 7. Publicité surgissante, 4 X 3, 8. Surtout écoutée en voiture, 9. Celui qui fait de la publicité, 10. Diffusion en continu sur internet, 11. Emission T.V tous les matins, 12. Nombre de spectateurs, numéro gratuit, parrainage, 13. V.O.D.

Verticalement :
1. Annonce publicitaire, 2. Distribué dans les boîtes aux lettres, 3. Porte de Versailles, 4. Portable intelligent, 5. Réseau d'échanges mondial, 6. Ancêtre du DVD, 7. Publicité urbaine, 8. Chaînes T.V numériques, 9. 200 millions d'entrées par an, 10. Financement d'actions artistiques, 11. Publipostage, 12. Mailing.

Corrigé

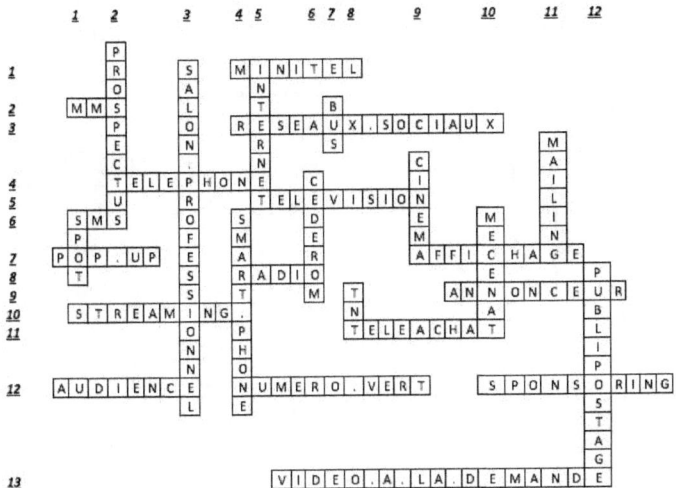

Stratégie Produit

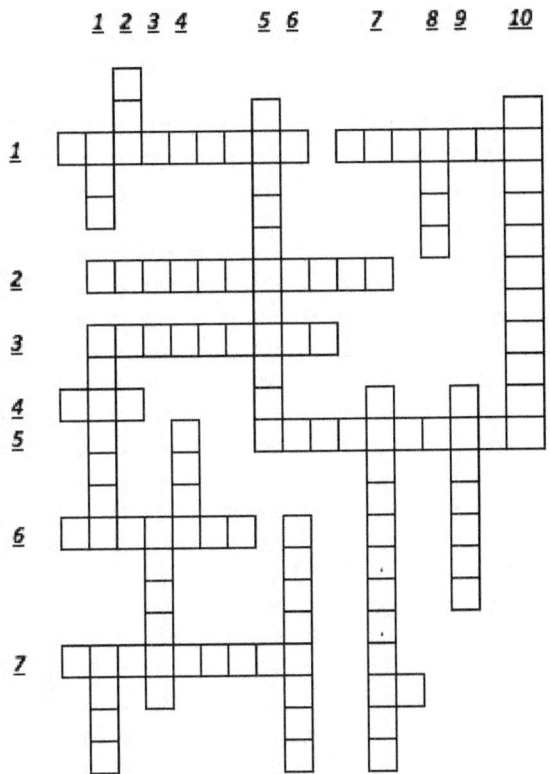

Horizontalement :

1. Au-dessus de la marque Ombrelle, Marque célèbre, 2. Profitabilité, 3. Emballage-Conditionnement, 4. Label de qualité, 5. Ce que représente la marque, 6. Multitude d'offreurs, 7. Complément de l'image, 8. Label agricole.

Verticalement :

1. Norme de l'ONU, fabrication de l'entreprise, office de normalisation en Europe, 2. Célèbre matrice de stratégie, 3. Pyramide des besoins, 4. Protection des marques et brevets, 5. Compréhensible dans une langue étrangère, 6. Groupe de Marques, 7. Produit le plus rentable, 8. Protection mondiale des marques et brevets, 9. Futur incertain, 10. Facile à retenir.

Corrigé

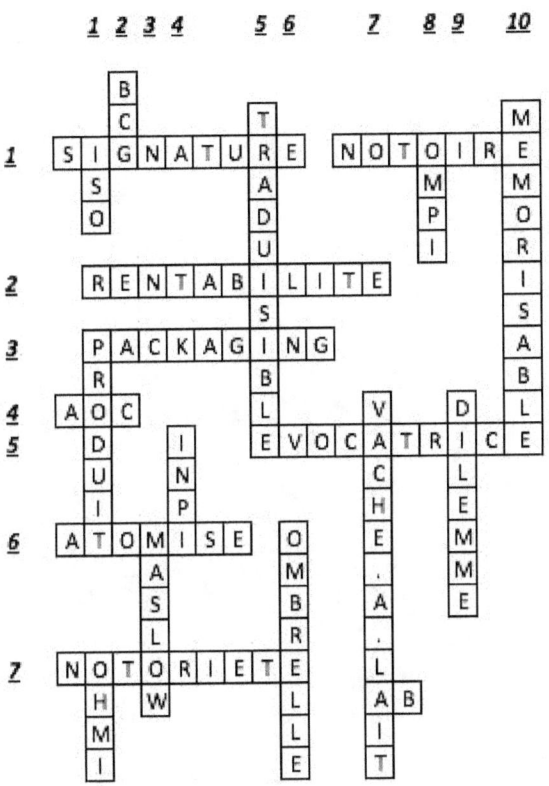

Prix et Distribution

Horizontalement :
1. Association de consommateurs, 2. Prix fixé juste en-dessous du prix rond, 3. Liaisons distributeurs-fournisseurs, 4. Hyper et supermarchés, 5. Loue son enseigne au franchisé, 6. Principal organisme de défense des consommateurs, 7. Méthode de vente interdite, 8. Dosage des actions marketing, 9. Prix sans décimale, 10. Le Mix en français, 11. Livraison des courses dans la voiture, 12. Ne pas vendre au-delà.

Verticalement :
1. Evite de se déplacer dans le point de vente, 2. Détermination du prix de vente par enquête, 3. Faire le même prix que les concurrents, étiquette à radio fréquence, 4. Protection et actions des consommateurs, 5. Stratégie de prix pour produits de luxe, 6. Multiples références pour une même marque, 7. Liste de produits.

Corrigé

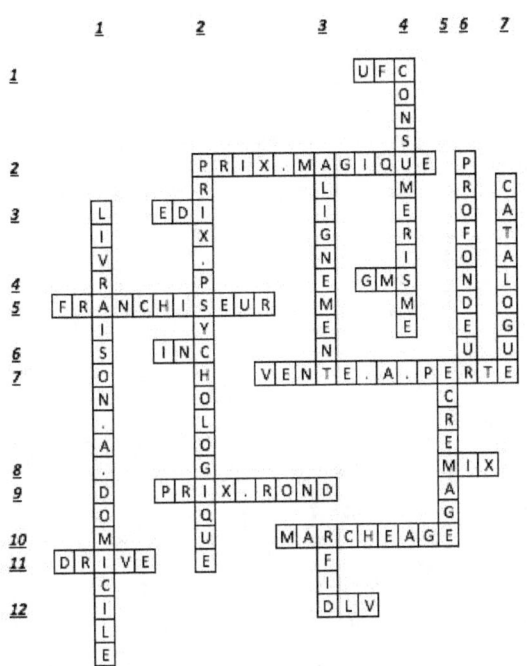

Etude du Marché

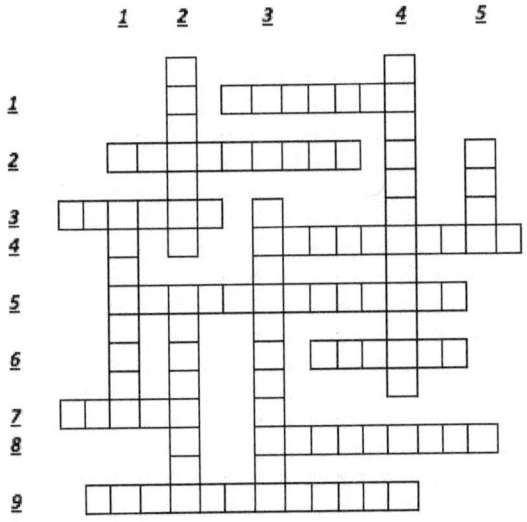

Horizontalement :
1. Etudiés dan la pyramide de Maslow, 2. Besoins vitaux, 3. N'achèteront jamais un produit, 4. Marché de proximité, 5. Susceptibles d'acheter le produit prochainement, 6. Marché des fournisseurs, 7. Inconnue du Monopole, 8. Motivation basée sur le besoin de reconnaissance.

Verticalement :
1. Dernier échelon de la pyramide de Maslow, 2. Besoin de se loger, de se vêtir, marché exploitable par l'entreprise, 3. Seul sur son marché, Consommateur lié à une entreprise, 4. Client grand public, 5. Se faire plaisir, 6. Faire plaisir aux autres, 7. Nécessaires pour analyser un marché.

Corrigé

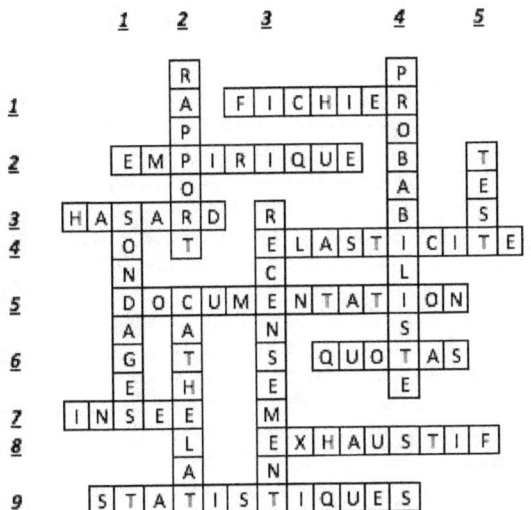

I/ QCM de Cours

1) Une marque doit être :
a. Evocatrice, mémorisable, lisible, déclinable, traduisible,
b. Ne peut être louée ou vendue,
c. Peut être représentée par un logo, un sigle, un mot, une musique,
d. Peut induire le consommateur en erreur.

2) Une marque ombrelle est :
a. Utilisée en cas d'intempéries,
b. Une marque de référence pour plusieurs marques produits,
c. Souvent dépendante d'une marque signature (holding industriel),
d. Une marque de distribution.

3) L'Institut National de la Propriété Industrielle (INPI) :
a. Permet de protéger une marque pour 10 ans,
b. Permet de protéger un brevet pour 20 ans,
c. Est une garantie pour se protéger de la contrefaçon,
d. Permet de protéger une marque dans le monde entier.

4) Une entreprise peut utiliser une marque existante :
a. Sans aucune démarche particulière,
b. Si son secteur d'activité est différent,
c. En négociant avec les propriétaires,
d. En louant ou en achetant cette marque.

1) a. c.,
2) b. c.,
3) a. b.,
4) b. c. d.

5) Le packaging permet de :
a. Protéger les produits contre les agressions extérieures,
b. Communiquer avec le consommateur,
c. Faciliter le transport et la manutention,
d. Placer rapidement les produits dans les linéaires.

6) L'amélioration de la qualité d'un produit permet :
a. De multiplier les ventes par trois,
b. D'éliminer les concurrents,
c. D'améliorer la sécurité et la modernité d'un produit,
d. De séduire le consommateur et déclencher l'achat.

7) Un produit de discontinuité est :
a. Un produit existant qui a été amélioré,
b. Un produit en phase de maturité,
c. Un produit révolutionnaire et inédit,
d. Un produit dont le contenu a changé.

8) La matrice du BCG signifie :
a. Better Consumer Guarantee,
b. Boston Community Graduate,
c. Boston Consulting Group,
d. Boston Consulting Great.

5) *a. b. c. d.,*
6) *c. d.,*
7) *c.,*
8) *c.*

9) La matrice du BCG permet :
a. D'analyser un portefeuille produit et leur rentabilité,
b. De calculer le seuil de rentabilité,
c. De prévoir les produits à promouvoir et développer,
d. De connaître le résultat net de l'entreprise.

10) La matrice du BCG regroupe 4 types de produits :
a. Les produits leaders, régulateurs, rentables et en déclin,
b. Les produits dilemmes, poids morts, vedettes et vaches à lait,
c. Les produits stars, question mark, cash cows et dogs,
d. Les produits en recherche, lancement, maturité et déclin.

11) La matrice SWOT permet :
a. De préparer une stratégie super, wonderful, originale et top,
b. De connaître les forces, faiblesses, opportunités et menaces,
c. D'analyser l'audience d'un support de presse,
d. De déterminer les strenghts, weaknesses, opportunities et threats.

12) Le diagramme de Porter permet :

a. D'analyser les menaces des nouveaux entrants,
b. D'anticiper les produits de substitution,
c. De connaître l'intensité de la concurrence,
d. De préparer une campagne d'emailing.

9) a. c.,
10) b. c.,
11) b. d.,
12) a. b. c.

13) Le schéma PESTEL permet :
a. De connaître l'évolution du marché à court terme,
b. D'analyser les Problèmes, Equations et Travaux Elémentaires,
c. De créer un réseau PERT,
d. Entre autres, d'analyser les aspects Politique, Economique et Sociologique d'un marché.

14) L'Analyse de la valeur permet :
a. De connaître la valeur d'utilité et la valeur de rareté d'un produit,
b. De mesurer la valeur d'estime et d'échange d'une marchandise,
c. De connaître la valeur d'usage d'un produit ou service,
d. De mesurer le taux de change d'une devise.

15) Le concept du Low Cost a été inventé :
a. Par des compagnies aériennes à bas coût,
b. Par des distributeurs aux prix bas,
c. Par des entreprises fabriquant en Chine,
d. Par des contrôleurs de gestion.

16) Une cible de communication :

a. Incorpore les acheteurs potentiels,
b. Incorpore les acheteurs potentiels plus les relais de communication,
c. Incorpore les consommateurs réels et potentiels,
d. Incorpore les consommateurs relatifs et absolus.

13) d.,
14) a. b. c.,
15) b. hard discounter,
16) b.

K/ Etudes de Cas

Ces cas sont préparés en binômes ou en équipes.
Une présentation orale est effectuée à l'aide d'un ordinateur et des logiciels classiques.

A/ Cas « Fast Food »

Selon vous et en fonction de vos différentes recherches sur internet :

1/ Pourquoi « Fast Food » a-t-il quitté le marché français en 1997 ?
2/ Quelle est la stratégie de « Fast Food » au niveau international, particulièrement en Europe et surtout en France ?
3/ Quelle est votre opinion sur la nouvelle stratégie adoptée par « Fast Food » en France ?
4/ Si vous étiez consultants en stratégie pour « Fast Food », quelles seraient vos 5 recommandations commerciales pour se développer en France et s'adapter au consommateur français ?
5/ Afin de créer un Buzz sur les réseaux sociaux, vous devez créer un sketch publicitaire comparatif et satirique valorisant « Fast Food 1 » contre « Fast Food 2 ».
Ce sketch est illustré par un diaporama.

B/ Cas « Air Plane » :

1/ Expliquer et présenter le positionnement du Groupe « Air Plane » dans une matrice SWOT et un schéma de Porter,

2/ Expliquer la stratégie marketing « d'Air Plane » à l'international – quelles sont les techniques de vente des commerciaux d'Air Plane ?

3/ Proposer deux slogans publicitaires pour « Air Plane » à l'export.

4/ Préparer un scénario publicitaire d'un spot TV d'une minute pour l'avion XXX d'Air YYY qui relie quotidiennement Paris à New York – tous les membres de chaque équipe présentent ce spot en fin de séance.

Le contexte, le scénario et les dialogues du spot sont rédigés.

C/ Cas « DélivExpress » :

1/ Expliquer le positionnement du Groupe DEX dans une matrice ANSOFF et expliquer l'environnement de l'entreprise dans un schéma PESTEL.

2/ Expliquer la stratégie marketing de DEX à l'international et particulièrement en Europe. Comment pourraient réagir les concurrents de DEX pour résister à cette offensive commerciale intense ?

3/ Proposer deux slogans publicitaires pour DEX en anglais et 3 nouveaux services destinés aux clients français de DEX.

4/ Préparer un diaporama de 5 visuels (photos, schémas…) incluant des informations publicitaires et un slogan commercial.
Ce diaporama sera diffusé par MMS sur les smartphones des clients fidèles de DEX.

D/ <u>Cas « HyperMarket »</u> :

Assistant(e)s marketing dans la société "Shopping-Line", vous devez conseiller HyperMarket pour un nouveau projet.
Intéressé par le principe des distributeurs automatiques HyperMarket souhaite créer un distributeur extra-large de produits alimentaires.
Avant de se lancer sur le marché français, HyperMarket souhaite effectuer un "market-test" en Angleterre.
1/ Rappeler la structure actuelle du commerce de proximité en Angleterre.
2/ Quelles sont les caractéristiques des attitudes et comportements des hommes d'affaires anglais.
3/ Après avoir choisi un nom pour ce nouveau distributeur ainsi qu'un slogan publicitaire apposé sur ces machines, vous devez créer une maquette en 3D de ce projet (Maximum : 20 cm de large, 15 cm de profondeur, 20 cm de hauteur) en papier/carton ou sur ordinateur.
4/ Afin de promouvoir ce distributeur, une PLV sera disposée sur les caisses des hypermarchés YYY - créer cette PLV (format A4) en papier/carton ou sur ordinateur.

5/ Un spot publicitaire de 2 minutes sera diffusé dans les salles de cinéma de Londres et sa région. Rédiger un scénario et préparer une vidéo publicitaire pour votre nouveau distributeur automatique.

L/ Sales Simulations

. Teamwork,
. Using the website of « Amusement Park » :
- Prepare an argument list with 6 objections and 6 reasoned answers for the « Amusement Park » and a specific business convention organised by « PubliStar » (advertising agency in France).

- Prepare a sales record (one page) including the 10 strengths of « Amusement Park Business Solutions » in order of interest for the customer,

- Prepare a sales simulation with the following themes to be developed :

1 / As a Sales Manager of « Amusement Park Business Solutions », you must face a very demanding prospect with a high potential turnover : « PubliStar » a worldwide advertising agency based in Paris. This company wants to organize a convention for all its European and American subsidiaries in the Amusement Park. The representatives of this agency are particularly arrogant and require very stringent conditions from « Amusement Park Business Solutions ». Several clashes took place at the beginning of the interview, especially regarding the price.
Given the tense situation, prepare a sales simulation lasting 15 minutes including a win-win agreement at the end of the simulation. All the members of each team attend the simulation during the oral presentation (at least 2 buyers and 2 sellers).

2 / As a Sales Managers at World Luxury Services, you receive very wealthy potential customers from Switzerland. These services are very complex to organize (imagine any kind of service in your sales scenario). Very disappointed by a previous experience with WLS, these prospects require tough conditions and excellent services. The objective of WLS will be to satisfy even the strangest and special requirements of these clients.

Prepare a sales simulation lasting 15 minutes including a win-win agreement at the end of the simulation. All the members of each team attend the simulation during the oral presentation (at least 2 buyers and 2 sellers).

3 / CoffeeStar asks you to convince business leaders of your business area to buy a breakfast package for their executives. You must present to the class a 3-minute speech about this new service. You may look like a politician or an artist speaking enthusiastically to a crowd of admirers.

M/ Cas en Management

. Etude de cas en équipes (5 étudiants au maximum par groupe),
. Un dossier par équipe,
1/ US Bank Nouveau réseau bancaire aux Etats-Unis, la US Bank propose un nouveau mode de distribution bancaire avec un management très innovant. Intéressés par le marché français, les dirigeants de la US Bank voudraient ouvrir des agences dans les grandes villes françaises.

1/ Quelle est votre opinion sur les méthodes de formation du personnel et de management de la US Bank ?
2/ Que pensez vous du "Wow Program" ?
3/ Pensez vous que les principes de management de la US Bank pourraient s'appliquer en France ?
4/ Quels types d'encouragement et de système de motivation proposeriez vous pour stimuler les futurs managers français ?
5/ Afin de participer à des programmes sociaux ou humanitaires, que pourrait proposer la US Bank en France ?

2/ Martin and Martin : En tant que consultants de PCG (Paris Consulting Group), vous avez été contactés par le groupe M2. Ils souhaitent utiliser les dernières méthodes de management dans une nouvelle filiale en Europe. Ils vous demandent de proposer de nouvelles idées et d'imaginer l'entreprise idéale. En fonction de vos connaissances personnelles et même de vos rêves en management, quelles seraient vos recommandations pour les points suivants :

. Lieu d'implantation de l'entreprise : Pays, ville, quartier,
. Types et design des bureaux (plan, disposition, matériaux, équipements...),
. Liens hiérarchiques,
. Types de relations entre managers et subordonnés,
. Style de leadership,
. Système de rémunération et de récompense,
. Types de relation avec les syndicats,
. Gestion du stress dans l'entreprise.

Afin de recruter des managers performants, vous devez également préparer une annonce de recrutement qui sera diffusée sur les chaînes d'information en continu. Rédiger un scénario de 30 secondes (contexte, dialogue, mise en scène), puis jouer le spot devant la classe.

Du Même Auteur

La Vie Epatante de l'Agent Secret Duchemin – Tome 1
Il Faut Sauver l'Agent Secret Duchemin – Tome 2
Agent Secret Duchemin – Mission Lune – Tome 3
Au Temps en Emporte l'Agent Duchemin – Tome 4
Le Fabuleux Destin de l'Agent Duchemin – Tome 5
Agent Secret Duchemin – En Avant Mars – Tome 6
Agent Secret Duchemin – A Mars Forcée – Tome 7
Agent Secret Duchemin - Un Héros Français -Tome 8
Agent Secret Duchemin-Opération Rédemption-Tome 9

Agent Secret Duchemin - Trilogie N°1 - Tomes 1-2-3
Agent Secret Duchemin - Trilogie N°2 - Tomes 4-5-6
Agent Secret Duchemin - Trilogie N°3 - Tomes 7-8-9

L'Effarante Aventure de Brian Tabernak – Tome 1
L'Incroyable Attaque de l'Agent Tabernak – Tome 2
La Terrible Traque de l'Equipe Tabernak – Tome 3
L'Equipe Tabernak Contre-Attaque – Tome 4
L'Apokalypse selon Tabernak
L'Epopée Tabernak - Tomes 1-2-3-4

Des Agents pas très Secrets – Opération Esturgeon
Des Agents pas très Secrets – Mission Caméléon
Des Agents pas très Secrets - Maudite Météorite
Des Agents pas très Secrets - Trilogie N°1 - Tomes 1-2-3

Constantin Dumoulin – Panique sous les Tropiques
Constantin Dumoulin – Branle-Bas de Combat aux USA
Constantin Dumoulin – Secret Fatal au Lac Baïkal
Constantin Dumoulin - Trilogie N°1 - Tomes 1-2-3

Robin Dubois – Sans Froid ni Loi – Tome 1
Robin Dubois – Espion malgré moi – Tome 2

Robin Dubois – 20 jours – Tome 3
Robin Dubois – Crash Fantôme – Tome 4
Robin Dubois – Une Croisière d'Enfer – Tome 5
La Saga Robin Dubois - Tomes 1-2
Dur comme Dubois
Dubois sonne le Glas

The Exciting Life of Secret Agent Duchemin – Volume 1
The Amazing Adventure of Brian Tabernak – Volume 1
The Incredible Attack of Agent Tabernak – Volume 2
The Tabernak Trilogy - Volumes 1-2-3

Quiz de Marketing – Tome 2
Quiz de Marketing International
Quiz de Management Commercial
Super Quiz Marketing
Best of Quiz Marketing

Comment s'autopublier en une journée ?

Marketing Quiz
Marketing Calculations

www.ingramcontent.com/pod-product-compliance
Lightning Source LLC
Chambersburg PA
CBHW070808220526
45466CB00002B/599